Energia Mentale

"Una Guida per Sconfiggere la Stanchezza Psicologica"

di Paola Clerioni

CAPITOLO 1

comprendere la stanchezza psicologica

1.1 Definizione di stanchezza psicologica

La stanchezza psicologica, nota anche come affaticamento mentale, è uno stato di affaticamento o esaurimento che colpisce la mente o il cervello di una persona anziché il corpo fisico.

Questo tipo di stanchezza è causato da sforzi mentali prolungati, stress emotivo o situazioni che richiedono una concentrazione intensa e continua.

Può influenzare la capacità di una persona di pensare chiaramente, prendere decisioni, concentrarsi su compiti specifici o gestire le emozioni.

I sintomi della stanchezza psicologica possono includere:

1. Difficoltà di concentrazione.
2. Affaticamento mentale o senso di vuoto.
3. Irritabilità.
4. Difficoltà a prendere decisioni.
5. Perdita di motivazione.
6. Sensazione di scoraggiamento o disperazione.
7. Difficoltà a gestire lo stress.
8. Disturbi del sonno o difficoltà nel rilassarsi.

La stanchezza psicologica può essere causata, come di seguito meglio precisato, da molteplici fattori, tra cui pressioni lavorative e personali, problemi relazionali, preoccupazioni finanziarie o problemi di salute mentale, come ansia e depressione.

È importante affrontare la stanchezza psicologica adeguatamente per prevenire conseguenze negative sulla salute mentale e sul benessere complessivo.

Le strategie per rimediare e gestire la stanchezza psicologica possono includere il riposo adeguato, la gestione dello stress, la pratica di tecniche di rilassamento, l'esercizio fisico regolare e, se necessario, il supporto da parte di un professionista della salute mentale.

1.2 Cause comuni della stanchezza psicologica

La stanchezza psicologica, anche nota come affaticamento mentale, può essere causata da una serie di fattori.

Ecco alcune delle cause comuni:
1. **Stress**: Il fattore più comune che porta alla stanchezza psicologica è lo stress cronico. Le pressioni legate al lavoro, alle relazioni, alla situazione finanziaria o a eventi traumatici possono sovraccaricare la mente e portare all'affaticamento mentale.

2. **Sovraccarico cognitivo**: Essere costantemente esposti a una grande quantità di informazioni, decisioni da prendere o attività mentali impegnative può esaurire le risorse cognitive e portare alla stanchezza psicologica.

3. **Mancanza di sonno**: Il sonno è essenziale per il recupero mentale. La mancanza di sonno di qualità o la privazione del sonno può portare a una riduzione delle funzioni cognitive, inclusa l'attenzione, la concentrazione e la memoria.

4. **Preoccupazioni e ansia**: L'ansia costante o le preoccupazioni persistenti possono esaurire le risorse mentali e portare alla stanchezza psicologica.

5. **Soppressione delle emozioni**: Trattenere le emozioni o evitare di affrontare problemi emotivi può richiedere una notevole energia mentale, contribuendo così all'affaticamento mentale.

6. **Ambiente di lavoro stressante**: Un ambiente di lavoro eccessivamente stressante, caratterizzato da pressioni costanti, scadenze stringenti e una mancanza di supporto, può essere una causa significativa di stanchezza psicologica.

7. **Multitasking e distrazioni**: Tentare di gestire troppe attività contemporaneamente o essere costantemente interrotti da distrazioni può portare a una fatica mentale.

8. **Isolamento sociale**: La mancanza di interazioni sociali significative può contribuire alla stanchezza psicologica, poiché il supporto sociale è importante per il benessere emotivo.

9. **Cattiva alimentazione e stile di vita**: Una dieta poco equilibrata, la mancanza di esercizio fisico e l'abuso di sostanze come l'alcol o la caffeina possono influenzare negativamente il benessere mentale e causare affaticamento.

10. **Condizioni mediche**: Alcune condizioni mediche come la depressione, l'ansia, l'apnea del sonno o altre malattie neurologiche possono portare a una maggiore stanchezza psicologica.

11. **Eccessiva esposizione a schermi**: L'uso eccessivo di dispositivi digitali come computer, smartphone e tablet può affaticare gli occhi e causare una sorta di stanchezza mentale nota come "*sindrome da affaticamento da schermo*".

È importante riconoscere le cause della stanchezza psicologica e adottare strategie per affrontarle. Queste possono includere la gestione dello stress, il miglioramento delle abitudini di sonno, il bilanciamento del lavoro e del tempo libero, l'adozione di uno stile di vita sano e il cercare supporto professionale se necessario.

1.3 Segnali di allarme: come riconoscere la stanchezza psicologica

Riconoscere la stanchezza psicologica è importante per prevenirne l'aggravamento e prendere misure per gestirla.

Ecco alcuni segnali di allarme che possono indicare la presenza di stanchezza psicologica:

1. **Affaticamento costante**: Se ti senti stanco o esausto anche dopo una buona notte di sonno, potrebbe essere un segnale di stanchezza psicologica.

2. **Difficoltà di concentrazione**: Se hai difficoltà a mantenere la concentrazione sul lavoro, negli studi o in altre attività che normalmente non ti creavano problemi, potrebbe essere un segnale di stanchezza psicologica.

3. **Perdita di interesse**: La perdita di interesse per le attività che solitamente ti piacciono può essere un segnale di stanchezza psicologica. Potresti sentirsi svogliato o apatico.

4. **Irritabilità**: Se sei più irritabile del solito, reagisci in modo sproporzionato a situazioni stressanti o perdi la pazienza facilmente, potrebbe essere un segnale di stanchezza psicologica.

5. **Cambiamenti nell'umore**: La stanchezza psicologica può causare sbalzi d'umore, come ansia, tristezza, rabbia o sentimenti di frustrazione.

6. **Difficoltà nel sonno**: L'insonnia o la difficoltà a dormire bene possono essere correlati alla stanchezza psicologica. Allo stesso tempo, può verificarsi un eccesso di sonno come meccanismo di fuga dalla realtà.

7. **Affaticamento mentale**: Sentirsi costantemente sovraccaricato mentalmente , come se il cervello fosse in continua attività, può essere un sintomo di stanchezza psicologica.

8. **Bassa autostima**: La stanchezza psicologica può influire negativamente sulla percezione di te stesso, portandoti a pensare di non essere all'altezza delle sfide o di non avere successo.

9. **Isolamento sociale**: Ritirarsi dalla vita sociale, evitando amici e familiari, può essere un segno di stanchezza psicologica. Potresti sentirsi troppo esausto per interagire con gli altri.

10. **Problemi fisici**: La stanchezza psicologica può manifestarsi anche attraverso sintomi fisici, come mal di testa, mal di stomaco o tensione muscolare.

Se riconosci uno o più di questi segnali in te stesso o in qualcuno che conosci, è importante prendere provvedimenti per affrontare la stanchezza psicologica. Questi possono includere il riposo, la gestione dello stress, la ricerca di supporto psicologico o terapeutico e l'adozione di abitudini di vita più sane. La prevenzione è fondamentale, quindi cerca di bilanciare le tue attività, prenditi del tempo per te stesso e cerca di ridurre le fonti di stress nella tua vita.

CAPITOLO 2

Il Potere del Riposo

2.1 L'importanza del sonno di qualità

Il sonno di qualità è di fondamentale importanza per la salute e il benessere generale di una persona.

Ecco alcune delle ragioni per cui il sonno di qualità è così cruciale:

- **Riposo e recupero**: Durante il sonno, il corpo ha l'opportunità di riparare e rigenerare i tessuti, di rafforzare il sistema immunitario e di eliminare sostanze di rifiuto metaboliche. Il sonno di qualità permette al corpo di recuperare da una giornata di attività.

- **Funzione cognitiva**: Il sonno è essenziale per il buon funzionamento del cervello. Durante le fasi più profonde del sonno, si verificano processi di consolidamento della memoria, apprendimento e pensiero creativo. Il sonno inadeguato può portare a problemi di concentrazione, memoria e decisione.

- **Salute mentale**: Il sonno di qualità è strettamente collegato alla salute mentale. La mancanza di sonno può aumentare il rischio di disturbi dell'umore come la depressione e l'ansia. Il sonno regolare e rigenerante può contribuire a migliorare la stabilità emotiva e il benessere psicologico.

- **Controllo del peso**: Uno squilibrio nei cicli del sonno può influenzare gli ormoni che regolano l'appetito, portando a una maggiore fame e a una minore sensazione di sazietà. Questo può contribuire all'aumento di peso e all'obesità.

- **Salute cardiovascolare**: Il sonno di scarsa qualità è associato a un aumento del rischio di malattie cardiache, ipertensione e infarto. Durante il sonno, la pressione sanguigna tende a ridursi, dando al cuore un periodo di riposo. Una mancanza di sonno può influenzare negativamente questo processo.

- **Sistema immunitario**: Il sonno aiuta a rinforzare il sistema immunitario, consentendo al corpo di combattere meglio le infezioni e le malattie. Una carenza di sonno può renderci più suscettibili alle infezioni.

- **Regolazione dell'umore**: Il sonno adeguato può influenzare positivamente l'equilibrio ormonale e la produzione di neurotrasmettitori come la serotonina, che sono importanti per la regolazione dell'umore. Il sonno insufficiente può portare a sbalzi d'umore e irritabilità.

- **Gestione dello stress**: Il sonno di qualità svolge un ruolo chiave nella capacità del corpo di gestire lo stress. Durante il sonno, il corpo rilascia meno cortisolo, l'ormone dello stress. Quindi, una buona notte di sonno può aiutare a ridurre la sensazione di stress e migliorare la resilienza.

In sintesi, il sonno di qualità è essenziale per il benessere fisico e mentale. Per garantire un sonno migliore, è importante adottare una routine regolare, creare un ambiente di sonno confortevole e evitare comportamenti che interferiscono con il sonno, come il consumo eccessivo di caffeina o l'uso eccessivo di dispositivi elettronici prima di andare a letto.

2.2 Tecniche di rilassamento per ridurre lo stress

Ci sono molte tecniche di rilassamento efficaci che possono aiutarti a ridurre lo stress.
Ecco alcune di esse:

- **Respirazione profonda:** Questa è una delle tecniche più semplici ed efficaci per ridurre lo stress. Inspirare profondamente attraverso il naso e poi espirare lentamente attraverso la bocca. Concentrati sulla tua respirazione e cerca di farla diventare più lenta e regolare.

- **Meditazione:** La meditazione è un'antica pratica che può aiutarti a calmare la mente e a ridurre lo stress. Trova un posto tranquillo, chiudi gli occhi e concentra la tua attenzione su un pensiero o un oggetto. Lascia che i pensieri passino senza giudicarli.

- **Yoga:** Lo yoga combina esercizi fisici con tecniche di respirazione e meditazione. Le posture yoga aiutano a rilassare i muscoli e a migliorare la flessibilità, mentre la meditazione yoga riduce lo stress mentale.

- **Musica rilassante:** Ascoltare musica calma e rilassante può avere un effetto positivo sul tuo stato d'animo e aiutarti a ridurre lo stress. Scegli musica che ti piace e che ti fa sentire tranquillo.

- **Esercizio fisico:** L'attività fisica è un ottimo modo per ridurre lo stress. L'esercizio rilascia endorfine, che sono sostanze chimiche che migliorano l'umore. Anche una breve passeggiata può fare la differenza.

- **Massaggio:** Un massaggio rilassante può aiutarti a sciogliere la tensione muscolare e a ridurre lo stress. Chiedi a un professionista del massaggio di concentrarsi sulle aree del corpo che sono particolarmente tese.

- **Aromaterapia:** Gli oli essenziali, come la lavanda o la camomilla, possono avere un effetto calmante. Puoi diffondere gli oli in casa o utilizzarli in un bagno caldo.

- **Visualizzazione:** Immagina un luogo o una situazione che ti faccia sentire sereno e felice. Chiudi gli occhi e immergiti in questa immagine mentale per alcuni minuti.

- **Mindfulness:** La mindfulness implica di essere pienamente consapevoli del momento presente. Presta attenzione a ciò che stai facendo senza giudicare. Puoi praticare la mindfulness durante le attività quotidiane, come mangiare o lavarti le mani.

- **Riduci il caffè e l'alcol:** Limita il consumo di caffeina e alcol, poiché entrambi possono aumentare il livello di stress. Opta per bevande più salutari come l'acqua o le tisane.

Ricorda che ognuno è diverso, quindi potresti dover sperimentare diverse tecniche per trovare quella che funziona meglio per te. Inoltre, è importante praticare regolarmente queste tecniche per ottenere i migliori risultati nel ridurre lo stress. Se lo stress persiste o peggiora, è sempre consigliabile consultare un professionista della salute mentale per ricevere supporto aggiuntivo.

2.3 L'arte del "digital detox": come staccare da schermi e dispositivi elettronici

L'arte del "digital detox" è una pratica volta a staccare da schermi e dispositivi elettronici per un certo periodo di tempo al fine di rilassarsi, ricaricarsi e riconnettersi con il mondo reale. La crescente dipendenza da smartphone, computer e dispositivi digitali ha portato molte persone a cercare modi per ridurre il tempo trascorso online e ristabilire un equilibrio nella loro vita.

Ecco alcuni consigli su come effettuare un efficace digital detox:

- **Imposta limiti di tempo:** Definisci orari precisi durante i quali utilizzerai dispositivi elettronici e rispetta questi limiti. Ad esempio, puoi decidere di spegnere il telefono dopo le 20:00.

- **Disattiva le notifiche:** Riduci le distrazioni disattivando le notifiche per le app e le email. In questo modo, non sarai costantemente interrotto da suoni e avvisi.

- **Crea spazi senza dispositivi:** Dedica alcune aree della tua casa a attività senza dispositivi, come una zona lettura o una sala giochi per la famiglia.

- **Fai attività all'aperto:** Passa del tempo all'aria aperta, facendo passeggiate, escursioni o praticando sport. Questo ti permetterà di distogliere l'attenzione dagli schermi e di rilassarti fisicamente.

- **Coltiva hobby offline:** Dedica del tempo a interessi e hobby che non richiedono l'uso di dispositivi digitali. Ad esempio, puoi iniziare a dipingere, cucinare, suonare uno strumento musicale o fare giardinaggio.

- **Programma del tempo libero offline:** Pianifica attività sociali o momenti di relax in cui ti impegni a lasciare i dispositivi digitali a casa o spenti.

- **Leggi libri in formato cartaceo:** Se sei un appassionato lettore, scegli libri cartacei anziché ebook. Questo ti darà l'opportunità di immergerti in una storia senza essere tentato da altre attività online.

- **Meditazione e mindfulness:** Pratica la meditazione o la mindfulness per rilassarti e migliorare la tua consapevolezza. Queste tecniche possono aiutarti a gestire lo stress e a diminuire l'ansia legata all'uso eccessivo di dispositivi digitali.

- **Coinvolgi gli amici e la famiglia:** Coinvolgi i tuoi cari nell'arte del digital detox, in modo che possiate supportarvi a vicenda nel ridurre il tempo trascorso online.

- **Utilizza app di gestione del tempo:** Esistono applicazioni che ti aiutano a tenere traccia del tempo che trascorri online e a impostare limiti di utilizzo.

- **Valuta l'uso con attenzione:** Rifletti regolarmente sull'uso dei dispositivi elettronici e chiediti se stai utilizzando il tempo online in modo significativo o se stai solo perdendo tempo.

- **Sperimenta un digital detox periodico:** Programma periodicamente dei periodi di digital detox, come un fine settimana o una settimana senza dispositivi, per prenderti una pausa completa.

Ricorda che il digital detox non significa necessariamente eliminare completamente i dispositivi elettronici dalla tua vita, ma piuttosto trovare un equilibrio che ti permetta di utilizzarli in modo più consapevole e controllato. Adattare queste pratiche alla tua situazione personale e alle tue esigenze è essenziale per ottenere i massimi benefici da questa pratica.

CAPITOLO 3

Alimentazione per l'Energia Mentale

3.1 Il legame tra alimentazione e salute mentale

Il legame tra alimentazione e salute mentale è un argomento complesso e in continua evoluzione, ma è ben documentato che ci sia una stretta correlazione tra ciò che mangiamo e il nostro benessere mentale. Ecco alcune delle principali considerazioni su questo argomento:

- **Nutrienti essenziali**: Il cervello ha bisogno di una varietà di nutrienti essenziali per funzionare correttamente, tra cui vitamine, minerali, proteine, grassi sani e carboidrati complessi. Una dieta equilibrata che fornisce tutti questi nutrienti è fondamentale per sostenere la funzione cerebrale e la salute mentale.

- **Infiammazione:** Alcuni alimenti possono causare infiammazione nel corpo, che è stato collegato a disturbi mentali come la depressione e l'ansia. Alimenti ad alto contenuto di zucchero, grassi saturi e cibi altamente processati possono contribuire all'infiammazione, mentre una dieta ricca di antiossidanti, come frutta e verdura, può ridurla.

- **Microbiota intestinale:** Il microbiota intestinale, composto da trilioni di batteri che vivono nell'intestino, ha un ruolo importante nella regolazione dell'umore e del comportamento. Una dieta ricca di fibra e probiotici può favorire un microbiota sano, il che potrebbe avere un impatto positivo sulla salute mentale.

- **Zuccheri e carboidrati:** Gli zuccheri raffinati e i carboidrati semplici possono causare picchi e cali di zucchero nel sangue, che possono influenzare l'umore e la concentrazione. Una dieta basata su carboidrati complessi può aiutare a mantenere livelli di zucchero nel sangue più stabili.

- **Omega-3 e grassi sani**: Gli acidi grassi omega-3, presenti in alimenti come il pesce grasso, le noci e l'olio di semi di lino, sono noti per avere effetti positivi sulla salute cerebrale e possono contribuire a ridurre il rischio di depressione e ansia.

- **Cibi conforto e emozioni:** Molte persone ricorrono a cibi ad alto contenuto calorico e zuccheri quando sono stressate o ansiose. Tuttavia, questo tipo di alimentazione può portare a un circolo vizioso di peggioramento dell'umore e aumento di peso.

- **Dieta mediterranea:** La dieta mediterranea, caratterizzata da un'abbondanza di frutta, verdura, pesce, oli vegetali e cereali integrali, è stata associata a una migliore salute mentale e a una ridotta incidenza di depressione.

- **Allergie alimentari e intolleranze:** In alcuni casi, allergie alimentari non riconosciute o intolleranze alimentari possono influire sulla salute mentale, causando sintomi come l'irritabilità o la fatica.

È importante sottolineare che l'alimentazione da sola non è una panacea per i disturbi mentali, ma può giocare un ruolo significativo nella promozione della salute mentale e nel supporto al trattamento di tali disturbi. Consultare un professionista della salute mentale e un dietologo può essere utile per sviluppare un piano alimentare appropriato in base alle esigenze individuali.

3.2 Alimenti che aumentano l'energia mentale

L'energia mentale è una componente importante della salute cognitiva e del benessere mentale. Alcuni alimenti possono contribuire a migliorare la concentrazione, la chiarezza mentale e l'energia mentale.

Ecco alcuni alimenti che possono aiutare ad aumentare l'energia mentale:

- **Pesce grasso**: Il pesce come il salmone, il tonno e le sardine sono ricchi di acidi grassi omega-3, che sono importanti per la salute cerebrale e possono migliorare la funzione cognitiva.

- **Noci e semi:** Noci, semi di lino, semi di chia e semi di girasole sono ricchi di grassi sani, proteine e antiossidanti che possono sostenere la salute cerebrale.

- **Verdure a foglia verde:** Spinaci, cavolo riccio, rucola e altre verdure a foglia verde sono ricche di folati e vitamina K, che possono sostenere la funzione cognitiva.

- **Bacche:** Fragole, mirtilli, lamponi e more sono ricchi di antiossidanti che possono proteggere il cervello dai danni dei radicali liberi e migliorare la memoria.

- **Avocado:** Gli avocado sono ricchi di grassi monoinsaturi, che possono sostenere la salute del cervello e migliorare la concentrazione.

- **Cioccolato fondente**: Il cioccolato fondente contiene flavonoidi che possono migliorare la circolazione sanguigna al cervello e aumentare l'energia mentale. Tuttavia, consumatelo con moderazione.

- **Caffè:** La caffeina presente nel caffè può aumentare temporaneamente la concentrazione e l'energia mentale. Assumetelo con moderazione per evitare effetti collaterali come l'ansia.

- **Tè verde:** Il tè verde è ricco di antiossidanti e contiene L-teanina, un aminoacido che può migliorare la concentrazione e la calma mentale.

- **Curcuma:** La curcuma contiene curcumina, un composto che ha dimostrato di avere proprietà antinfiammatorie e antiossidanti, che possono sostenere la funzione cognitiva.

- **Uova:** Le uova sono una buona fonte di proteine e contengono colina, un nutriente che è importante per la salute cerebrale e la memoria.

- **Acqua**: L'acqua è essenziale per il funzionamento ottimale del cervello. La disidratazione può causare stanchezza mentale e diminuzione delle prestazioni cognitive, quindi è importante mantenere un adeguato livello di idratazione.

È importante notare che una dieta equilibrata, ricca di una varietà di alimenti nutrienti, è essenziale per mantenere l'energia mentale a lungo termine. Inoltre, il sonno sufficiente, l'esercizio fisico regolare e la gestione dello stress sono tutti fattori importanti per sostenere la salute mentale e cognitiva. Consultate sempre un professionista della salute o un dietologo prima di apportare cambiamenti significativi alla vostra dieta.

3.3 Pianificazione di pasti equilibrati per la massima vitalità

Pianificare pasti equilibrati per massimizzare la vitalità richiede l'inclusione di una varietà di nutrienti importanti in ogni pasto. Ecco un esempio di pianificazione dei pasti per una giornata che favorisce la vitalità:

Colazione:
- Porridge d'avena con frutti di bosco (fragole, mirtilli, more) e un cucchiaino di miele o sciroppo d'acero.
- Una manciata di mandorle o noci.
- Una tazza di tè verde o una bevanda a base di erbe come il tè alla menta.

Spuntino mattutino:
- Uno yogurt greco con una manciata di semi di chia e frutti freschi (come kiwi o pesche).

Pranzo:
- Insalata di quinoa con avocado, pomodori ciliegia, cetrioli e tonno in scatola (o una versione vegetariana con ceci o fagioli neri).
- Una porzione di verdure a foglia verde come spinaci o rucola.
- Condire con olio d'oliva e succo di limone.

Spuntino pomeridiano:
- Bastoncini di carote e sedano con hummus.
- Una mela o una pera.

Cena:
- Salmone alla griglia o tofu marinato (per una versione vegetariana) con asparagi al vapore.
- Una piccola porzione di riso integrale o quinoa.
- Insalata mista con una varietà di verdure fresche.

Spuntino serale (se necessario):
- Uno yogurt greco o una piccola porzione di noci miste.

- Ecco alcuni principi da tenere a mente quando pianifichi pasti equilibrati per la vitalità:

Varietà: Cerca di includere una vasta gamma di alimenti per garantire l'assunzione di una varietà di nutrienti essenziali.

- **Porzioni moderate:** Mantieni le porzioni in dimensioni moderate per evitare eccessi di calorie.

- **Alimenti integrali:** Scegli alimenti integrali come riso integrale, quinoa e pane integrale al posto degli alimenti altamente processati.

- **Proteine magre:** Includi fonti di proteine magre come pollo, pesce, tofu, legumi e latticini magri.

- **Frutta e verdura:** Consuma almeno 5 porzioni di frutta e verdura al giorno per l'apporto di vitamine, minerali e fibre.

- **Grassi sani:** Opta per grassi sani come olio d'oliva, avocado e noci invece di grassi saturi.

- **Idratazione:** Bevi abbondante acqua durante il giorno per mantenere il corpo idratato.

Limita il consumo di zuccheri e alimenti altamente processati: Riduci al minimo l'assunzione di zuccheri aggiunti, cibi fritti e alimenti confezionati.

- **Bilancio calorico:** Assicurati di bilanciare l'apporto calorico con il tuo livello di attività fisica.

- **Ascolta il tuo corpo:** Mangia quando hai fame e ferma quando ti senti sazio.

Tieni presente che le esigenze nutrizionali variano da persona a persona, quindi è importante adattare questa pianificazione dei pasti alle tue esigenze individuali e consultare un professionista della salute o un dietologo se hai specifiche esigenze dietetiche o problemi di salute.

CAPITOLO 4

Esercizio Fisico per una Mente Sana

- **Socializzazione**: Partecipare a gruppi di esercizio o a sport di squadra può favorire la socializzazione e migliorare le relazioni sociali, riducendo così il senso di isolamento.

- **Gestione del peso corporeo**: Mantenere un peso corporeo sano attraverso l'attività fisica può influenzare positivamente l'immagine corporea e la percezione di sé.

- **Aumento della resilienza mentale**: L'esercizio fisico regolare può contribuire a sviluppare una maggiore resilienza mentale, aiutando le persone a far fronte alle sfide e allo stress della vita quotidiana.

È importante notare che l'efficacia dell'esercizio fisico sulla salute mentale può variare da persona a persona. È consigliabile consultare un professionista della salute o uno psicologo per sviluppare un piano di esercizio personalizzato e ottenere ulteriori informazioni su come l'attività fisica può essere integrata nella gestione della salute mentale.

4.2 Suggerimenti per integrare l'attività fisica nella routine quotidiana
Integrare l'attività fisica nella tua routine quotidiana può aiutarti a mantenere uno stile di vita sano e attivo senza dover necessariamente dedicare ore al fitness.

Ecco alcuni suggerimenti per farlo:
- **Camminare o pedalare**: Sostituisci viaggi in auto o in autobus con camminate o passeggiate in bicicletta. Ad esempio, vai al lavoro o alla scuola in bicicletta o cammina quando possibile.

- **Sali le scale**: Evita l'ascensore e prendi le scale ogni volta che puoi. Questo è un modo semplice per incorporare l'attività fisica nella tua routine quotidiana.

- **Fai pause attive**: Al lavoro o a casa, prenditi brevi pause per fare qualche esercizio. Puoi fare una serie di squat, flessioni o stretching. Questo può aiutarti a mantenere attivo il tuo corpo durante la giornata.
- **Parcheggia lontano**: Quando vai al supermercato o in altri negozi, parcheggia l'auto lontano dall'ingresso in modo da dover camminare di più.

- **Gioca con i tuoi figli o animali domestici**: Se hai figli o animali domestici, approfitta del tempo trascorso con loro per giocare e muoverti. Questo può essere divertente e un ottimo modo per fare esercizio fisico.

- **Usa una scrivania in piedi o una cyclette da scrivania**: Se lavori al computer per molte ore al giorno, considera l'acquisto di una scrivania in piedi o di una cyclette da scrivania. Questi strumenti consentono di muoversi mentre lavori.

- **Fai esercizio durante la visione di programmi TV**: Se guardi la televisione, approfitta dei tempi morti per fare stretching, yoga o esercizi leggeri. Anche fare qualche serie di addominali o flessioni può essere un buon modo per sfruttare il tempo davanti al televisore.

- **Organizza attività all'aperto**: Coinvolgi la tua famiglia o gli amici in attività all'aperto come passeggiate, escursioni, ciclismo o giochi sportivi.

- **Programma l'attività fisica**: Tratta l'attività fisica come un impegno importante. Programma gli allenamenti o le attività fisiche nella tua agenda, proprio come faresti con una riunione o un appuntamento.

- **Sii costante**: La coerenza è la chiave per integrare con successo l'attività fisica nella tua routine quotidiana. Cerca di fare piccoli passi ogni giorno e pianifica l'attività fisica in modo che diventi un'abitudine naturale.

Ricorda che ogni piccolo passo conta quando si tratta di migliorare la tua salute fisica. L'importante è trovare modi per rendere l'attività fisica parte integrante della tua vita quotidiana e renderla divertente e sostenibile.

4.3 Esercizi di rilassamento e yoga per rinnovare l'energia mentale

Il rilassamento e lo yoga sono due pratiche efficaci per rinnovare l'energia mentale. Possono aiutarti a ridurre lo stress, migliorare la concentrazione e aumentare il benessere generale.

Ecco alcuni esercizi di rilassamento e yoga che puoi provare:

1. Respirazione profonda:
- Trova un posto tranquillo e comodo per sederti o sdraiarti.
- Chiudi gli occhi e metti una mano sul tuo petto e l'altra sul tuo addome.
- Inspirare lentamente attraverso il naso, sentendo l'addome sollevarsi mentre l'aria entra nei polmoni.
- Espirare lentamente attraverso la bocca, sentendo l'addome abbassarsi.
- Ripeti questo esercizio di respirazione profonda per almeno 5-10 minuti, concentrandoti solo sulla tua respirazione.

2. Sequenza di riscaldamento yoga:
- Inizia con alcune pose di riscaldamento come il "Saluto al Sole" per preparare il tuo corpo.
- Esegui alcune torsioni e piegamenti in avanti per allungare la colonna vertebrale e sciogliere la tensione.
- Mantieni ogni posa per almeno 5-10 respirazioni profonde, concentrandoti sulla tua respirazione.

3. Posizione del bambino (Balasana):
- Questa posizione è ottima per rilassare la schiena e le spalle.
- Siediti sulle ginocchia e piega il busto in avanti, portando la fronte a terra e allungando le braccia davanti a te.
- Mantieni la posa per almeno 1-2 minuti, respirando profondamente.

4. Posizione del loto (Padmasana):
- Questa posizione richiede flessibilità nelle anche e nelle ginocchia, quindi fallo solo se ti senti a tuo agio.
- Siediti con le gambe incrociate e le spalle rilassate.

- Chiudi gli occhi e respira profondamente per 5-10 minuti, cercando di svuotare la mente da pensieri negativi.

5. Meditazione:
- Trova un luogo tranquillo e comodo per sederti in posizione eretta.
- Concentrati sulla tua respirazione o usa una meditazione guidata per rilassarti e rinnovare l'energia mentale.
- Dedica almeno 10-15 minuti alla meditazione ogni giorno per ottenere i massimi benefici.

6. Yoga Nidra:
- Yoga Nidra è una forma di rilassamento guidato che può aiutarti a rilassare profondamente la mente e il corpo.
- Segui una sessione guidata online o utilizza un'app dedicata per praticare Yoga Nidra.

Ricorda che la costanza è fondamentale per ottenere i migliori risultati. Incorpora questi esercizi di rilassamento e yoga nella tua routine quotidiana o settimanale per rinnovare l'energia mentale e migliorare il tuo benessere generale.

CAPITOLO 5

Gestire lo Stress

5.1 Tecniche di gestione dello stress: meditazione, mindfulness e respirazione

La gestione dello stress è fondamentale per il benessere fisico e mentale. Le tecniche di gestione dello stress, come la meditazione, la mindfulness e la respirazione, possono aiutarti a ridurre la tensione, migliorare la concentrazione e promuovere la calma.

Ecco una panoramica di queste tre tecniche:
Meditazione:
- La meditazione è una pratica che coinvolge la concentrazione mentale e la consapevolezza. Può essere fatta in molte forme diverse, ma l'obiettivo principale è spesso raggiungere uno stato di calma interiore.
- La meditazione può aiutare a ridurre lo stress concentrandoti sul respiro o su un mantra, o semplicemente osservando i tuoi pensieri senza giudicarli.
- Le sessioni di meditazione possono durare da pochi minuti a diverse ore, a seconda della tua preferenza e del tuo livello di esperienza.

Mindfulness:
- La mindfulness è una forma di meditazione che si concentra sulla consapevolezza del momento presente, senza giudicare o reagire ai pensieri o alle emozioni.
- La mindfulness può essere praticata in qualsiasi momento della giornata, sia in modo formale (come una sessione di meditazione) che informale (come mangiare con attenzione o camminare con consapevolezza).
- Aiuta a sviluppare la consapevolezza di sé e dell'ambiente circostante, riducendo il coinvolgimento in pensieri negativi o preoccupazioni.

Respirazione:
- La respirazione profonda e consapevole è una tecnica semplice ma efficace per gestire lo stress.
- Puoi eseguire esercizi di respirazione in qualsiasi momento e ovunque. Basta concentrarsi sulla tua respirazione, inspirando profondamente attraverso il naso e espirando lentamente attraverso la bocca.

- Questa tecnica può aiutare a calmare il sistema nervoso, ridurre la frequenza cardiaca e migliorare la concentrazione.
- Ecco alcuni suggerimenti per iniziare con queste tecniche:
- Dedica del tempo regolarmente per praticare la meditazione o la mindfulness. Anche solo pochi minuti al giorno possono fare la differenza.
- Trova un luogo tranquillo e senza distrazioni per praticare.
- Sperimenta diverse tecniche di meditazione e mindfulness per trovare quella che ti si addice meglio.
- La respirazione consapevole può essere praticata ovunque e in qualsiasi momento, quindi è una buona tecnica da utilizzare quando ti senti stressato durante la giornata.

Ricorda che queste tecniche richiedono pratica costante per diventare efficaci nella gestione dello stress. Non esitare a cercare supporto da un istruttore esperto o tramite app e risorse online se desideri approfondire la tua pratica.

5.2 La psicoterapia come risorsa per affrontare il burnout

La psicoterapia può essere una risorsa efficace per affrontare il burnout, una condizione di stress cronico legato al lavoro che può avere gravi conseguenze sulla salute fisica e mentale di una persona.
Il burnout è spesso caratterizzato da stanchezza emotiva, cinismo nei confronti del lavoro e una diminuzione dell'efficacia professionale.
La psicoterapia offre un approccio strutturato per affrontare questi sintomi e le cause sottostanti.

Ecco come la psicoterapia può essere utile nel trattamento del burnout:

- **Valutazione e diagnosi**: Un terapeuta esperto può condurre una valutazione completa per comprendere meglio i sintomi e le cause specifiche del burnout in un individuo. Questo aiuta a sviluppare un piano di trattamento personalizzato.

- **Identificazione delle cause**: La psicoterapia può aiutare a identificare le cause profonde del burnout, che possono includere problemi legati al lavoro, problemi personali o una combinazione di entrambi. Una volta identificate le cause, il terapeuta può lavorare con il paziente per affrontarle in modo adeguato.

- **Sviluppo di strategie di coping**: Un terapeuta può insegnare al paziente abilità di coping efficaci per gestire lo stress e prevenire il burnout futuro. Queste strategie possono includere la gestione del tempo, la comunicazione efficace, il rafforzamento dell'autostima e il miglioramento della resilienza.

- **Cambiamenti nel comportamento**: La terapia può aiutare il paziente a identificare e apportare cambiamenti comportamentali necessari per ridurre il rischio di burnout. Ciò potrebbe comportare l'adozione di abitudini più sane, il miglioramento dell'equilibrio tra vita professionale e privata e l'apprendimento di come impostare limiti adeguati.

- **Supporto emotivo**: La psicoterapia offre un ambiente sicuro in cui il paziente può esprimere le proprie emozioni e preoccupazioni legate al burnout. Il terapeuta può fornire un supporto emotivo cruciale e aiutare il paziente a elaborare i sentimenti legati al lavoro e allo stress.

4.1 Benefici dell'esercizio fisico per la salute mentale

L'esercizio fisico offre numerosi benefici per la salute mentale.

Ecco alcuni dei principali vantaggi:

- **Riduzione dello stress**: L'attività fisica aiuta a ridurre i livelli di stress attraverso il rilascio di endorfine, sostanze chimiche che inducono una sensazione di benessere e felicità. L'attività fisica regolare può anche aiutare a ridurre i livelli di cortisolo, l'ormone dello stress.

- **Migliora l'umore**: L'esercizio fisico può aumentare l'umore e ridurre i sintomi della depressione. Gli effetti positivi sull'umore possono essere attribuiti all'aumento della produzione di neurotrasmettitori come la serotonina e la dopamina.

- **Aumento della fiducia in sé stessi**: L'ottenimento di obiettivi di fitness e il miglioramento dell'aspetto fisico possono aumentare la fiducia in se stessi e l'autostima.

- Migliora la qualità del sonno: L'esercizio regolare può contribuire a migliorare la qualità del sonno, riducendo l'insonnia e i disturbi del sonno. Un sonno migliore può a sua volta influenzare positivamente la salute mentale.

- **Riduzione dell'ansia**: L'attività fisica può aiutare a ridurre i sintomi dell'ansia, offrendo un modo naturale per rilassarsi e scaricare la tensione accumulata.

- **Aumento della concentrazione e della memoria**: L'esercizio fisico può migliorare le funzioni cognitive, inclusa la concentrazione, la memoria e la capacità di apprendimento.

- **Riduzione del rischio di declino cognitivo**: L'attività fisica regolare è associata a un ridotto rischio di declino cognitivo e può contribuire a mantenere la salute mentale nel corso degli anni.

- **Prevenzione del ricorso al burnout**: La psicoterapia non è solo utile per trattare il burnout esistente, ma può anche essere uno strumento prezioso nella prevenzione. Il terapeuta può lavorare con il paziente per sviluppare strategie a lungo termine per mantenere un equilibrio sano tra vita professionale e privata e per gestire lo stress in modo efficace.

È importante notare che la scelta della terapia e del terapeuta dipende dalle esigenze individuali e dalla situazione personale. Alcune persone potrebbero trarre beneficio dalla terapia cognitivo-comportamentale (TCC), mentre altre potrebbero preferire la terapia psicodinamica o altre forme di supporto psicologico.
In ogni caso, se si sospetta di essere affetti da burnout o se si conosce qualcuno che lo sta vivendo, è fondamentale cercare aiuto professionale. La psicoterapia può essere uno strumento prezioso nel percorso di recupero e nel miglioramento della salute mentale e del benessere generale.

5.3 Come stabilire limiti sani e imparare a dire "no"

Stabilire limiti sani e imparare a dire "no" sono abilità importanti per mantenere la tua salute mentale, gestire lo stress e costruire relazioni interpersonali positive.

Ecco alcuni passi per aiutarti a raggiungere questo obiettivo:

Autoconsapevolezza:
- Prima di poter stabilire limiti sani, devi conoscere te stesso. Rifletti su quali sono i tuoi valori, i tuoi bisogni e le tue priorità nella vita.
- Identifica le situazioni o le persone che spesso ti portano a superare i tuoi limiti o a sentirsi scomodo.

Definisci i tuoi limiti:
- Identifica chiaramente cosa sei disposto a fare e cosa non sei disposto a fare. Questi possono essere limiti fisici, emotivi, di tempo o relazionali.
- Considera ciò che è importante per te e ciò che ti fa sentire a tuo agio.

Comunica apertamente:
- Impara a esprimere chiaramente i tuoi limiti agli altri in modo assertivo e rispettoso. Usa frasi come "Mi dispiace, ma non posso...", "Mi sento a mio agio quando..." o "Ho bisogno di...".

Pratica il "no":
- Dire "no" non significa essere scortesi o egoisti. È importante imparare a rifiutare gentilmente le richieste o le situazioni che superano i tuoi limiti.
- Puoi spiegare brevemente il motivo del tuo rifiuto se lo desideri, ma non sentirsi in obbligo di giustificare ogni tua decisione.

mpara a gestire la colpa:
- Molte persone lottano con la colpa dopo aver detto "no". Ricorda che prendersi cura di te stesso non è egoismo, ma una necessità.
- Focalizzati sui benefici di dire "no", come il miglioramento della tua salute mentale e il rafforzamento delle tue relazioni basate su rispetto reciproco.

Pratica l'empatia:
- Cerca di comprendere il punto di vista degli altri, ma non permettere che ciò ti faccia superare i tuoi limiti. Puoi cercare un compromesso quando possibile.

Impara a negoziare:
- In alcune situazioni, potresti essere disposto a fare qualcosa al di fuori dei tuoi limiti, ma solo in modo limitato o sotto determinate condizioni. Questo può essere un modo per gestire le richieste senza compromettere troppo la tua autenticità.

Mantieni costanza:
- Stabilire e mantenere limiti sani richiede pratica. Non temere di sbagliare o di dover regolare i tuoi limiti di tanto in tanto in base alle tue esigenze in evoluzione.

Cerca supporto:
- Parla con amici, familiari o un professionista della salute mentale se stai lottando per stabilire limiti sani o per dire "no" in modo efficace.

Ricorda che hai il diritto di dire "no":
- È fondamentale comprendere che hai il diritto di stabilire limiti sani e di dire "no" quando necessario. La tua salute e il tuo benessere sono importanti.

Sviluppare queste abilità richiede tempo e pratica, ma ti aiuterà a migliorare la tua qualità di vita e le tue relazioni con gli altri.

CAPITOLO 6

Ottimizzare la Produttività

6.1 L'importanza della pianificazione e dell'organizzazione

La pianificazione e l'organizzazione sono due concetti fondamentali in molti aspetti della vita, sia a livello personale che professionale. Ecco perché sono così importanti:

- **Efficienza:** Una pianificazione adeguata e un'organizzazione efficace consentono di utilizzare meglio il tempo e le risorse a disposizione. Questo porta a una maggiore efficienza nell'esecuzione di compiti e progetti.

- **Risparmio di tempo:** La pianificazione aiuta a stabilire priorità e a allocare il tempo in modo appropriato. Ciò riduce il rischio di perdere tempo su attività non importanti o urgenti.

- **Riduzione dello stress:** Una buona pianificazione riduce il livello di stress, poiché si sa cosa aspettarsi e si ha un piano d'azione per affrontare le sfide. L'organizzazione aiuta a mantenere il controllo delle situazioni anche quando ci si trova sotto pressione.

- **Obiettivi chiari:** La pianificazione aiuta a stabilire obiettivi chiari e a definire i passi necessari per raggiungerli. Questo può essere utile sia nella vita personale che in quella professionale.

- **Miglior presa di decisioni:** Quando si ha un piano, è più facile prendere decisioni informate. Si può valutare come ciascuna decisione influenzerà il piano generale e gli obiettivi stabiliti.

- **Miglior gestione delle risorse:** L'organizzazione aiuta a gestire in modo più efficiente le risorse disponibili, che siano tempo, denaro, manodopera o materiali. Questo è cruciale sia per le imprese che per le persone.

- **Comunicazione efficace:** La pianificazione e l'organizzazione aiutano a comunicare in modo chiaro e coerente con gli altri. Tutti coloro che sono coinvolti in un progetto o in un'attività saranno sulla stessa pagina.

- **Miglioramento continuo:** Monitorando e valutando costantemente il progresso rispetto ai piani, è possibile apportare miglioramenti in corso d'opera. Questo processo di feedback è essenziale per l'innovazione e il progresso.

- **Riduzione dei rischi:** La pianificazione può aiutare a identificare potenziali rischi e a sviluppare strategie per mitigarli. Questo è particolarmente importante in ambito aziendale, dove i rischi finanziari o operativi possono avere conseguenze gravi.

- **Realizzazione dei sogni e degli obiettivi personali:** La pianificazione e l'organizzazione sono essenziali per perseguire e raggiungere i propri sogni e obiettivi di vita. Forniscono una struttura e una guida per il successo personale.

In sintesi, la pianificazione e l'organizzazione sono fondamentali per il successo e il benessere sia a livello individuale che aziendale. Senza di esse, si può facilmente cadere nella confusione, nello stress e nell'inefficienza. Investire tempo ed energie nella pianificazione e nell'organizzazione può portare a risultati più positivi e soddisfacenti nella vita.

6.2 Strategie per migliorare la concentrazione e la produttività

Migliorare la concentrazione e la produttività richiede l'adozione di diverse strategie e l'instaurazione di buone abitudini.

Ecco alcune strategie che potresti considerare:

Pianificazione:
- To-Do List:
- Preparare una lista delle attività da svolgere può aiutarti a mantenere la concentrazione su compiti specifici.
- Calendario:
- Utilizza un calendario per pianificare le tue giornate, assegnando un tempo specifico a ciascun compito.

Ridurre le Distrazioni:
- Silenzia le Notifiche: Disattiva le notifiche sui dispositivi mentre lavori per evitare interruzioni.
- Organizza il Tuo Ambiente: Mantieni il tuo spazio di lavoro pulito e ordinato per ridurre le distrazioni visive.

Gestione del Tempo:
- Tecnica Pomodoro:
- Lavora per 25-30 minuti e poi fai una pausa di 5 minuti. Ripeti questo ciclo per massimizzare la concentrazione.
- Priorità: Concentrati prima sulle attività più importanti e urgenti.

Alimentazione e Idratazione:
- Cibo Salutare: Mangia cibi ricchi di nutrienti che mantengano stabili i livelli di energia.
- Acqua: Mantieni un'adeguata idratazione durante la giornata.

Esercizio Fisico:
- L'attività fisica regolare può migliorare la tua concentrazione e aumentare la tua energia.

Sonno:
- Assicurati di dormire abbastanza. La mancanza di sonno può avere un impatto significativo sulla concentrazione e la produttività.

Gestione dello Stress:
- Pratica la meditazione o il rilassamento per gestire lo stress e mantenere la mente calma.
- Impara a dire no a impegni eccessivi che possono compromettere la tua produttività.

Apprendimento Continuo:
- Continua a imparare e sviluppare nuove competenze. Mantenere la mente attiva può migliorare la concentrazione.

Socializzazione e Pausa:
- Fai pause regolari e socializza con colleghi o amici per rilassarti e rigenerarti.

Tecnologia:
- Utilizza applicazioni e strumenti per la gestione del tempo e delle attività, come app di task management e timer.

Autoconsapevolezza:
- Conosci te stesso e identifica i momenti in cui sei più produttivo. Ad esempio, alcune persone sono più creative al mattino, mentre altre lo sono di sera.

Obiettivi Chiari:
- Avere obiettivi chiari ti aiuterà a mantenere la concentrazione su ciò che è veramente importante.

Varietà:
- Cambia l'ambiente di lavoro o la tipologia di compiti se senti di essere bloccato o stanco.

Feedback e Valutazione:

- Periodicamente, valuta i tuoi risultati e apporta eventuali miglioramenti alla tua strategia.

Ricorda che le strategie possono variare da persona a persona, quindi è importante sperimentare diverse tattiche e adattarle al tuo stile di vita e alle tue esigenze specifiche. La coerenza nell'applicare queste strategie nel tempo è fondamentale per ottenere risultati duraturi.

6.3 La tecnologia come alleata nella gestione del tempo

La tecnologia può essere un potente alleato nella gestione del tempo, purché venga utilizzata in modo efficace. Ecco alcune delle principali modalità in cui la tecnologia può aiutarti a gestire il tuo tempo in modo più efficiente:

- **App di pianificazione e gestione del tempo:** Esistono numerose app e software progettati per aiutarti a pianificare la tua giornata, settimana o mese. Esempi popolari includono Trello, Asana, Microsoft Outlook, Google Calendar e molti altri. Queste applicazioni ti consentono di impostare scadenze, creare liste di attività e ricevere notifiche per ricordarti degli impegni.
- **Strumenti di automazione:** Puoi utilizzare strumenti di automazione per semplificare compiti ripetitivi. Ad esempio, puoi programmare e-mail in anticipo per essere inviate in un momento specifico, o puoi utilizzare software di gestione delle attività per assegnare automaticamente compiti in base alle tue priorità.
- **App per la gestione del tempo:** Esistono app specifiche progettate per aiutarti a tenere traccia del tempo che dedichi a diverse attività. Queste app ti permettono di analizzare come stai utilizzando il tuo tempo e identificare aree in cui potresti essere più efficiente.
- **Comunicazione efficace:** Strumenti di comunicazione come Slack, Microsoft Teams e WhatsApp possono aiutarti a organizzare le tue conversazioni e a gestire il flusso di informazioni in modo più efficiente. Puoi stabilire regole chiare per la comunicazione e utilizzare funzionalità come le chat di gruppo e le videoconferenze per risparmiare tempo.
- **App per la gestione delle attività:** App come Todoist, Wunderlist (ora incorporato in Microsoft To Do) e Any.do ti consentono di creare elenchi di cose da fare e impostare promemoria. Queste app sono utili per organizzare le tue attività quotidiane.
- **Strumenti di sincronizzazione e condivisione di file:** Servizi come Google Drive, Dropbox e OneDrive semplificano la condivisione e la sincronizzazione dei documenti e dei file, consentendoti di accedere ai tuoi dati da qualsiasi dispositivo in qualsiasi momento.
- **Tecnologie di assistenza virtuale:** L'automazione e l'intelligenza artificiale possono aiutarti a gestire alcune attività in modo più efficiente. Ad esempio, gli assistenti virtuali come Siri, Google Assistant e Alexa

possono aiutarti a impostare promemoria, rispondere a domande rapide e fornirti informazioni in tempo reale.

Tuttavia, è importante utilizzare la tecnologia in modo responsabile ed evitare le distrazioni che può comportare. Una gestione equilibrata del tempo richiede anche la capacità di stabilire priorità, concentrarsi sulle attività importanti e trovare un equilibrio tra il tempo trascorso online e offline. La tecnologia può essere uno strumento potente, ma la tua disciplina personale e la tua pianificazione rimangono fondamentali per una gestione efficace del tempo.

CAPITOLO 7

Coltivare Relazioni Salutari

7.1 L'importanza delle relazioni sociali per la salute mentale
Le relazioni sociali svolgono un ruolo fondamentale per la salute mentale di
una persona. L'importanza delle relazioni sociali per la salute mentale può
essere suddivisa in diversi aspetti:

- **Supporto Emotivo**: Le relazioni sociali forniscono un canale per
  esprimere emozioni, condividere preoccupazioni e ricevere supporto
  emotivo dagli altri. Questo può aiutare a ridurre lo stress, l'ansia e la
  depressione.

- **Senso di Appartenenza**: Appartenere a un gruppo sociale o avere legami
  significativi con gli altri contribuisce a creare un senso di appartenenza e
  identità. Questo può aumentare l'autostima e la fiducia in se stessi.

- **Riduzione dell'Isolamento**: Il senso di isolamento sociale può portare a
  problemi di salute mentale, come la solitudine e la depressione. Le
  relazioni sociali regolari possono aiutare a prevenire o mitigare questi
  effetti negativi.

- **Crescita Personale**: Le relazioni possono favorire la crescita personale
  attraverso l'apprendimento, la condivisione di esperienze e il confronto
  con le opinioni e le prospettive degli altri. Questo può portare a una
  maggiore maturità emotiva e cognitiva.

- **Risorse di Coping**: Quando si affrontano sfide o momenti difficili, avere
  una rete di supporto sociale può fornire risorse aggiuntive per far fronte
  alle difficoltà. Gli amici e la famiglia possono offrire consigli, sostegno
  pratico e una spalla su cui piangere.

- **Riduzione dello Stress**: Interagire socialmente può stimolare il rilascio di
  sostanze chimiche nel cervello, come l'ossitocina, che possono ridurre lo
  stress e promuovere il benessere.

- **Prevenzione delle Malattie Mentali**: Mantenere relazioni sociali
  soddisfacenti può contribuire a prevenire lo sviluppo di disturbi mentali. La
  solitudine cronica, al contrario, è stata associata a un aumento del rischio
  di depressione, ansia e altre condizioni.

- **Aumento del Senso di Felicità**: Le interazioni sociali positive e significative sono spesso correlate a una maggiore felicità e soddisfazione nella vita.

È importante notare che la qualità delle relazioni sociali è cruciale. Relazioni tossiche o dannose possono avere l'effetto opposto sulla salute mentale, portando a problemi psicologici. Quindi, coltivare relazioni sane e supportanti è essenziale per mantenere una buona salute mentale. Inoltre, è fondamentale essere consapevoli delle proprie esigenze sociali e cercare il giusto equilibrio tra interazioni sociali e tempo per sé stessi, poiché l'eccesso o la mancanza di socializzazione possono entrambi avere impatti negativi sulla salute mentale.

7.2 Come creare connessioni significative con gli altri

Creare connessioni significative con gli altri è un aspetto essenziale per una vita appagante e soddisfacente.

Ecco alcuni consigli su come farlo:

Sii autentico: La sincerità è fondamentale nella creazione di connessioni significative. Sii te stesso e permetti agli altri di conoscerti per chi sei veramente.

Ascolto attivo: Presta attenzione quando gli altri parlano. Fai domande, mostra interesse genuino per ciò che stanno dicendo e non interromperli. Questo dimostra rispetto e valore per le loro opinioni e esperienze.

Empatia: Cerca di comprendere le emozioni e i punti di vista degli altri. Mettiti nei loro panni e cerca di vedere il mondo dal loro punto di vista. L'empatia aiuta a creare un legame più forte.

Comunicazione chiara: Esprimi i tuoi pensieri e sentimenti in modo chiaro ed aperto. La comunicazione onesta è essenziale per evitare incomprensioni e malintesi.

Condividi esperienze: Passa del tempo di qualità con gli altri facendo attività che vi interessano entrambi. Condividere esperienze crea ricordi e legami speciali.

Offri supporto: Sostieni gli altri nei momenti difficili. Sia che si tratti di parole gentili, aiuto pratico o semplicemente ascolto, il tuo supporto può fare la differenza.

Mostra gratitudine: Esprimi riconoscenza per le persone importanti nella tua vita. La gratitudine rafforza i legami e fa sentire agli altri che sono apprezzati.

Rispetto reciproco: Tratta gli altri con rispetto e dignità, indipendentemente dalle loro opinioni o background. Il rispetto reciproco è fondamentale per mantenere relazioni sane.

Condividi interessi comuni: Trova interessi e passioni condivise con gli altri. Questo crea un terreno comune su cui costruire una connessione più profonda.

Mantieni il contatto: Non trascurare le relazioni. Continua a comunicare e a incontrarti anche quando la vita diventa frenetica. L'investimento costante è fondamentale per mantenere connessioni significative.

Sii paziente: La creazione di connessioni significative richiede tempo. Non aspettarti che le relazioni si sviluppino rapidamente, ma lavora costantemente su di esse.

Perdona e dimentica: Le persone commettono errori. Impara a perdonare quando necessario e a lasciare andare rancori passati per mantenere relazioni sane.

Cura di te stesso: Non dimenticare di prenderti cura di te stesso. Una buona autostima e una buona salute mentale sono fondamentali per creare relazioni significative.

Sviluppa abilità sociali: Migliora le tue abilità di comunicazione e interazione sociale. L'autoconsapevolezza e la comprensione delle dinamiche relazionali possono aiutarti a costruire connessioni più forti.

Sii aperto alle nuove connessioni: Non limitarti alle persone che conosci già. Sii aperto a incontrare nuove persone e a creare nuove connessioni.

Ricorda che la creazione di connessioni significative richiede impegno e dedizione da entrambe le parti. Non tutte le relazioni diventeranno significative, ma è importante lavorare su quelle che lo sono, in quanto possono arricchire notevolmente la tua vita.

7.3 Strategie per gestire conflitti e evitare il drain energetico delle relazioni tossiche

Gestire i conflitti e evitare il drain energetico delle relazioni tossiche richiede tempo, pazienza e consapevolezza.

Ecco alcune strategie che potresti considerare:

Comunicazione aperta e onesta:
- Inizia sempre con una comunicazione aperta e onesta. Esprimi i tuoi sentimenti e pensieri in modo rispettoso, evitando l'aggressività.
- Ascolta attentamente l'altra persona senza interruzioni, dimostrando empatia e comprensione.

Impara a riconoscere i segnali di una relazione tossica:
- Familiarizzati con i segnali di una relazione tossica, come il controllo eccessivo, l'isolamento, l'abuso verbale o fisico. Una volta riconosciuti, è più facile affrontarli.

Imposta confini sani:
- Stabilisci confini chiari e saldi per proteggere il tuo benessere emotivo. Non permettere agli altri di superare questi confini.

Scegli le tue battaglie:
- Non ogni conflitto merita la tua energia. Valuta se il problema è davvero importante o se è possibile ignorarlo o affrontarlo in un secondo momento.

Pratica la tolleranza:
- Le persone hanno opinioni diverse. Impara a tollerare le differenze e ad accettare che non tutti la pensano come te.

Cerca il compromesso:
- Cerca soluzioni di compromesso quando possibile. Il compromesso può aiutare a risolvere i conflitti in modo che entrambe le parti si sentano ascoltate e rispettate.

Cerca il supporto di amici e familiari:

- Parla con persone di fiducia che possono darti un punto di vista esterno sulla situazione e offrire sostegno emotivo.

Cura il tuo benessere mentale ed emotivo:
  - Pratica l'auto-cura attraverso l'esercizio fisico, la meditazione, lo yoga o qualsiasi attività che ti aiuti a mantenere la calma e la serenità.

Considera la terapia o il counseling:
- In situazioni estreme o se non riesci a gestire da solo il conflitto, considera la possibilità di rivolgerti a un professionista della salute mentale per ricevere supporto e orientamento.

Sii pronto a lasciare andare:
- Se una relazione è costantemente tossica e non migliora nonostante i tuoi sforzi, potresti dover considerare la possibilità di allontanarti o porre fine a quella relazione per proteggere il tuo benessere.

Ricorda che gestire i conflitti e affrontare relazioni tossiche può essere estremamente difficile, ma investire nell'auto-crescita e nella gestione delle tue emozioni può aiutarti a mantenere un equilibrio energetico positivo nella tua vita.

CAPITOLO 8

La Mente Positiva

8.1 Il potere del pensiero positivo

Il potere del pensiero positivo è una filosofia che sostiene che mantenere una mentalità ottimistica e concentrarsi su pensieri positivi può avere un impatto significativo sulla tua vita e sul tuo benessere. Questa idea è stata promossa da molti autori e insegnanti di sviluppo personale nel corso degli anni ed è stata oggetto di numerosi libri e seminari.

Ecco alcuni concetti chiave associati al potere del pensiero positivo:

- **Miglioramento della salute mentale**: Pensare in modo positivo può aiutare a ridurre lo stress, l'ansia e la depressione. La concentrazione su pensieri positivi può migliorare il tuo umore generale e la tua salute mentale.

- **Miglioramento della salute fisica**: Alcune ricerche suggeriscono che il pensiero positivo può avere benefici sulla salute fisica. Ad esempio, potrebbe contribuire a ridurre la pressione sanguigna, migliorare la funzione cardiaca e rafforzare il sistema immunitario.

- **Atteggiamento proattivo**: Una mentalità positiva può spingerti a prendere decisioni migliori e a intraprendere azioni che ti aiutino a raggiungere i tuoi obiettivi. Ti rende più incline a cercare soluzioni anziché concentrarti sui problemi.

- **Miglioramento delle relazioni**: Essere ottimisti e positivi può influire positivamente sulle tue relazioni interpersonali. Le persone tendono ad essere attratte da individui con una mentalità positiva e aperta.

- **Resilienza**: Il pensiero positivo può aiutarti a essere più resiliente di fronte alle sfide e agli ostacoli. Ti incoraggia a vedere le difficoltà come opportunità di crescita anziché come insormontabili.

- **Miglioramento delle prestazioni**: Molte persone credono che il pensiero positivo possa migliorare le prestazioni in vari ambiti, tra cui il lavoro, lo sport e il successo personale. L'ottimismo può darti la fiducia necessaria per affrontare sfide e raggiungere risultati.

- **Felicità generale**: Avere una mentalità positiva può portare a una maggiore felicità e soddisfazione nella vita. Quando ti concentri sui lati positivi delle cose, tendi a sperimentare emozioni più positive.

È importante notare che il pensiero positivo da solo non è una panacea per tutti i problemi. La vita presenta sfide reali e difficoltà, e non è sempre possibile affrontarle con il solo potere del pensiero positivo. Tuttavia, coltivare una mentalità ottimistica può essere un complemento prezioso per affrontare la vita con una prospettiva più costruttiva e resiliente.

8.2 Come coltivare l'ottimismo

Coltivare l'ottimismo è un processo che richiede tempo, impegno e consapevolezza. Ecco alcuni suggerimenti su come puoi coltivare l'ottimismo nella tua vita:

- **Pratica la gratitudine**: Prendi l'abitudine di riflettere su ciò per cui sei grato ogni giorno. Puoi tenere un diario della gratitudine in cui annoti le cose positive che ti sono accadute o le cose per cui sei grato. Questo ti aiuterà a focalizzarti sugli aspetti positivi della tua vita.

- **Cambia il tuo dialogo interno**: Presta attenzione ai tuoi pensieri e cerca di sostituire quelli negativi con pensieri più positivi. Ad esempio, invece di pensare "Non ce la farò mai", prova a pensare "Posso farcela se ci metto impegno e perseveranza".

- **Visualizza il successo**: Immagina te stesso raggiungere i tuoi obiettivi e avere successo nelle tue sfide. Questa visualizzazione positiva può aiutarti a mantenere un atteggiamento ottimista.

- **Impara dagli errori**: Vedi gli errori come opportunità di apprendimento anziché come fallimenti. Ogni errore può darti una lezione preziosa per migliorarti e crescere.

- **Circondati di persone positive**: Passa il tempo con persone che hanno un atteggiamento ottimista. L'energia positiva delle persone intorno a te può influenzare il tuo atteggiamento.

- **Fai esercizio fisico**: L'attività fisica rilascia endorfine, che possono migliorare il tuo umore e aiutarti a sentirti più ottimista.

- **Abbraccia la mindfulness**: La meditazione e la mindfulness possono aiutarti a vivere nel momento presente e ad affrontare le sfide con maggiore calma e ottimismo.

- **Sviluppa obiettivi realistici**: Stabilisci obiettivi realistici e raggiungibili per te stesso. Il successo in piccole sfide può aumentare la tua fiducia e il tuo ottimismo.

- **Cerca ispirazione**: Leggi libri, ascolta podcast o guarda video che ti ispirano e motivano. Questi materiali possono alimentare la tua positività.

- **Pratica la pazienza**: L'ottimismo spesso richiede tempo. Non aspettarti cambiamenti immediati, ma continua a lavorare costantemente per coltivare una mentalità più positiva.

Ricorda che coltivare l'ottimismo è un processo continuo, e ci saranno momenti in cui potresti sperimentare sfide e ostacoli. Tuttavia, con la pratica e la perseveranza, puoi sviluppare un atteggiamento più positivo verso la vita.

8.3 Tecniche per affrontare i momenti difficili con resilienza

Affrontare i momenti difficili con resilienza richiede una combinazione di abilità emotive, mentali e comportamentali.

Ecco alcune tecniche che possono aiutarti:

- **Accettazione delle emozioni**: È importante riconoscere e accettare le tue emozioni, anche quelle negative. Non cercare di reprimere o negare ciò che provi, perché ciò può portare a una maggiore sofferenza. Invece, cerca di comprendere perché stai provando determinate emozioni.

- **Mantenere una prospettiva ottimistica**: Cerca di vedere il lato positivo delle situazioni difficili. Chiediti quali lezioni puoi imparare da queste esperienze e come possono contribuire alla tua crescita personale.

- **Pianificazione e problem-solving**: Affronta i problemi in modo razionale e strutturato. Rompi i problemi complessi in piccoli passi e sviluppa un piano per affrontarli uno alla volta. Questo ti aiuterà a sentire più in controllo della situazione.

- **Rete di supporto sociale**: Parla con amici, familiari o un consulente di fiducia quando ti trovi in difficoltà. Condividere le tue preoccupazioni e pensieri con gli altri può alleggerire il carico emotivo e fornirti supporto emotivo.

- **Meditazione e mindfulness**: La pratica della meditazione e della mindfulness può aiutarti a sviluppare una maggiore consapevolezza delle tue emozioni e pensieri. Questo può favorire una maggiore resilienza emotiva.

- **Autocura fisica**: Mantieni uno stile di vita sano che includa una dieta equilibrata, esercizio fisico regolare e un buon riposo. Un corpo sano può aiutarti a far fronte allo stress in modo più efficace.

- **Imparare dall'esperienza**: Ogni situazione difficile può insegnarti qualcosa. Rifletti sulle tue esperienze passate e su come hai affrontato le sfide in modo da poter applicare tali conoscenze alle sfide future.

- **Stabilire obiettivi realistici**: Impostare obiettivi ragionevoli e realistici può aiutarti a mantenere la motivazione e la direzione, anche quando le cose sono difficili. Celebrare i piccoli successi lungo il percorso può anche mantenere alta la tua resilienza.

- **Flessibilità e adattamento**: La vita è piena di cambiamenti e imprevisti. Sii flessibile nelle tue aspettative e sii disposto a adattarti alle nuove circostanze senza resistenza eccessiva.

- **Cercare aiuto professionale**: Se le tue difficoltà sono sopra le tue risorse o stanno influenzando gravemente la tua salute mentale, non esitare a cercare l'aiuto di un professionista della salute mentale. La terapia può essere un modo efficace per affrontare situazioni difficili.

Ricorda che la resilienza è un processo che richiede tempo e pratica. Non aspettarti di essere perfettamente resiliente da un giorno all'altro. Continua a lavorare su queste tecniche e cerca il supporto di chi ti circonda quando ne hai bisogno.

CAPITOLO 9

La Pratica Continua

9.1 Come mantenere i progressi nel lungo termine

Mantenere i progressi nel lungo termine richiede disciplina, motivazione e una strategia efficace.

Ecco alcuni passi che puoi seguire per raggiungere questo obiettivo:

- **Stabilisci obiettivi chiari:** Definisci obiettivi specifici, misurabili, realistici e limitati nel tempo (obiettivi SMART). Questo ti aiuterà a mantenere la chiarezza su ciò che stai cercando di raggiungere.

- **Crea un piano:** Sviluppa un piano d'azione dettagliato che includa i passi che devi seguire per raggiungere i tuoi obiettivi. Questo ti aiuterà a mantenere il focus e a evitare di deviare dal percorso.

- **Sii costante:** La costanza è fondamentale per mantenere i progressi. Fai uno sforzo continuo per lavorare verso i tuoi obiettivi ogni giorno o settimana, a seconda delle tue esigenze.

- **Tieni un registro:** Mantieni un registro dei tuoi progressi. Questo può essere un diario, un foglio di calcolo o un'applicazione dedicata. Monitorare i tuoi progressi ti darà una visione chiara di quanto hai ottenuto e ti motiverà a continuare.

- **Misura e valuta:** Periodicamente, fai una valutazione dei tuoi progressi. Chiediti se stai raggiungendo i tuoi obiettivi e se ci sono aree in cui puoi migliorare. Adatta il tuo piano di conseguenza.

- **Mantieni la motivazione:** La motivazione può vacillare nel tempo. Trova modi per mantenere alta la tua motivazione, come ricordare costantemente il motivo per cui hai iniziato questo percorso o trovare fonti di ispirazione.

- **Cerca supporto:** Parla con amici, familiari o mentori che possono offrirti supporto e incoraggiamento. Avere qualcuno con cui condividere i tuoi obiettivi può aiutarti a responsabilizzarti.

- **Impara dagli errori:** Non tutti i tentativi saranno coronati dal successo. È normale commettere errori lungo il percorso. L'importante è imparare da essi e utilizzare quelle esperienze per migliorare.

- **Sviluppa abitudini sane:** Le abitudini sane sono fondamentali per mantenere i progressi nel lungo termine. Ciò potrebbe includere l'adozione di una dieta equilibrata, un'attività fisica regolare e una buona gestione dello stress.

- **Celebra i successi:** Ogni volta che raggiungi un traguardo, anche piccolo, prenditi il tempo per celebrare. Questo ti darà una gratificazione immediata e ti motiverà a continuare a lavorare duramente.

- **Rivolgiti a professionisti:** In alcuni casi, potresti aver bisogno di assistenza professionale o di consulenza per mantenere i progressi, ad esempio, in questioni legate alla salute mentale o al benessere.

- **Sii paziente:** Il progresso nel lungo termine richiede tempo. Non aspettarti risultati immediati, e non scoraggiarti se ci vogliono mesi o anni per raggiungere i tuoi obiettivi.

In sintesi, mantenere i progressi nel lungo termine richiede impegno costante, una pianificazione efficace e la capacità di adattarsi alle sfide che possono presentarsi lungo il percorso.

Con determinazione e resilienza, puoi raggiungere i tuoi obiettivi e mantenere i progressi nel tempo.

9.2 Monitoraggio e adattamento delle strategie

Il monitoraggio e l'adattamento delle strategie sono processi fondamentali in vari contesti, come negli affari, nella gestione aziendale, nel settore dell'educazione, nella salute e in molti altri. Questi processi consentono di valutare l'efficacia delle strategie in corso e di apportare modifiche o miglioramenti in base ai risultati ottenuti.

Di seguito, sono elencati i passaggi chiave per il monitoraggio e l'adattamento delle strategie:

- **Definizione degli obiettivi**: Prima di tutto, è necessario avere chiari obiettivi e indicatori chiave di performance (KPI) che definiscano cosa si vuole raggiungere con la strategia. Questi obiettivi devono essere SMART (Specifici, Misurabili, Realistici, Temporizzati).

- **Raccolta di dati**: Raccogliere dati e informazioni pertinenti per misurare il progresso verso gli obiettivi stabiliti. Questi dati possono provenire da diverse fonti, come analisi delle prestazioni, feedback dei clienti, sondaggi, metriche finanziarie, e così via.

- **Monitoraggio regolare**: Monitorare costantemente i dati e le metriche per valutare come sta funzionando la strategia rispetto agli obiettivi stabiliti. Il monitoraggio dovrebbe essere continuo e in tempo reale, se possibile, per rilevare tempestivamente i cambiamenti e le tendenze.

- **Analisi dei dati**: Analizzare i dati raccolti per identificare tendenze, punti di forza e debolezza della strategia. Questa analisi dovrebbe consentire di comprendere cosa sta funzionando e cosa no.

- **Feedback e valutazione**: Raccogliere feedback da parte del team e di altre parti interessate coinvolte nella strategia. La valutazione può anche coinvolgere una revisione dei processi e delle procedure per identificare eventuali inefficienze.

- **Adattamento delle strategie**: Sulla base dei dati e dei feedback raccolti, apportare modifiche e adattamenti alla strategia. Questi cambiamenti possono riguardare la modifica degli obiettivi, l'aggiornamento delle tattiche, l'allocazione delle risorse o qualsiasi altra azione necessaria per migliorare le prestazioni.

- **Comunicazione**: Comunicare le modifiche apportate alle strategie a tutte le parti interessate per garantire che tutti siano allineati sugli obiettivi e sulle azioni da intraprendere.

- **Ciclo continuo**: Il monitoraggio e l'adattamento delle strategie sono un processo ciclico. Dopo aver apportato modifiche, è importante continuare a monitorare e valutare regolarmente per garantire che la strategia rimanga allineata agli obiettivi e si adatti alle mutevoli condizioni e alle nuove informazioni.

Questo processo di monitoraggio e adattamento delle strategie è fondamentale per il successo a lungo termine in qualsiasi campo. Le organizzazioni e gli individui che sono in grado di adattarsi in modo agile alle mutevoli circostanze spesso hanno un vantaggio competitivo significativo.

9.3 Il supporto della comunità e il coaching come risorse

Il supporto della comunità e il coaching sono due risorse molto importanti in vari aspetti della vita, dalla crescita personale e professionale alla salute mentale e al benessere generale.

Ecco come entrambi possono essere utili:

<u>Supporto della comunità</u>:

- **Sostegno emotivo:** Essere parte di una comunità offre un sostegno emotivo essenziale. Puoi condividere le tue gioie e le tue sfide con gli altri membri, che possono comprenderti meglio perché condividono esperienze simili.

- **Apprendimento condiviso:** Una comunità può essere un ottimo luogo per imparare e acquisire nuove conoscenze. Puoi beneficiare dell'esperienza di altre persone e condividere la tua conoscenza con gli altri.

- **Responsabilità:** Quando sei parte di una comunità, ti senti più motivato a raggiungere i tuoi obiettivi poiché hai il supporto degli altri membri che ti tengono responsabile.

- **Condivisione delle risorse:** Le comunità possono condividere risorse, come libri, strumenti o informazioni, che possono essere difficili da ottenere da soli.

- **Rete professionale:** Nel contesto professionale, una comunità può aiutarti a creare una rete di contatti che può portare a opportunità di lavoro o di carriera.

<u>Coaching</u>:

- **Sviluppo personale:** Un coach può aiutarti a identificare obiettivi personali e a sviluppare un piano per raggiungerli. Fornisce un supporto mirato per aiutarti a crescere e ad affrontare sfide specifiche.

- **Feedback obiettivo:** Un coach fornisce feedback obiettivo e costruttivo sulle tue azioni e il tuo comportamento. Questo feedback può aiutarti a migliorare e ad adattarti più rapidamente alle sfide.

- **Accountability:** Un coach tiene conto dei tuoi progressi e ti aiuta a rimanere responsabile delle tue azioni e dei tuoi obiettivi. Questo può essere particolarmente utile per mantenere la disciplina e la coerenza nel perseguire i tuoi obiettivi.

- **Sviluppo professionale:** Nel contesto professionale, un coach può aiutarti a sviluppare abilità specifiche, a migliorare le tue capacità di leadership o a prepararti per nuove sfide di carriera.

- **Salute mentale:** Un coach può fornire supporto per affrontare problemi di salute mentale, come lo stress, l'ansia o la depressione. Possono insegnarti strategie per gestire meglio le tue emozioni e migliorare il tuo benessere psicologico.

Entrambe queste risorse, il supporto della comunità e il coaching, hanno il potenziale per avere un impatto significativo sulla tua vita. La scelta tra le due dipenderà dalle tue esigenze personali e dai tuoi obiettivi. In alcuni casi, potresti anche trarre vantaggio dall'utilizzo combinato di entrambe le risorse per ottenere risultati ottimali.

Se pensi che questo libro ti sia piaciuto e ti abbia aiutato ti chiedo di dedicare pochi secondi a lasciare una breve recensione su Amazon ! Grazie,

Paola CLERIONI